DÖRT MEVSİM OYUNU

Yazan: ELİF ÇİFTÇİ YILMAZ

Resimleyen: EDA ERTEKİN TOY

D1669873

FLOKİ
ÇOCUK

Yazın son günleriydi. Havalar serinlemeye başlamıştı. Melis ile Ege bahçede beştaş oynuyorlardı. Üzerinde kısa kollu bir tişörtle şort olan Ege birden hapşırdı.

Melis, "Annem artık yaz bitiyor diyor. Bak, ben uzun kollu bir hırka giydim." dedi.

O sırada Ege kapıda halasıyla kuzenlerini gördü. "Hoş geldiniz!" diyerek onları karşıladı.

Melis, Ege'nin kuzenleri Eda ve Seda ile tanıştı. Ege yine "Hapşuuu!" diye hapşırınca, üzerine kalın bir mont giyip geldi.

Hep beraber bahçede oynamaya başladılar. Sonra Ege, "Şimdi de çok terledim." dedi.

Eda, "Mevsimine göre giyinmelisin." dedi. "Yoksa hasta olursun."

Melis, "Aklıma çok eğlenceli bir oyun geldi. Haydi, hepimiz bir mevsim seçelim!" dedi heyecanla.

Seda, "Ben ilkbaharı seçiyorum!" dedi. Eda yazı, Melis sonbaharı, Ege de kış mevsimini seçti.

Melis, "Şimdi herkes kendi mevsim köşesini oluştursun." dedi.

Ege, "Kardan adamsız kış olmaz ki!" diyerek kâğıda kocaman bir kardan adam çizdi. Beresi ile atkısını taktı. Yerlere pamuktan karlar yaptı. Ege'nin kış köşesi hazırdı.

Seda, kâğıtlardan rengârenk çiçekler yaptı.
Sonra üzerine çiçekli, ince bir elbise giydi.
İlkbahar köşesi de hazırdı.

Eda havlusunu yere serdi. Küçük bir şemsiyeyi baş ucuna yerleştirdi. Üstüne kısa kollu bir tişört ile şort giydi. Yaz köşesi için kocaman bir de Güneş resmi çizdi.

Melis ise kurumuş yaprakları köşesine yerleştirdi. Üzerine de uzun kollu bir tişört giydi. Melis'in sonbahar köşesi de hazırdı.

Melis, "Arkadaşlar, haydi başlayalım!" dedi heyecanla.

Ege, "Merhaba, ben kış mevsimiyim." dedi. "Kışın kar yağar. Çocuklar kar topu oynayıp kardan adam yapar. Bu mevsimde hava çok soğuktur. Üzerini kalın giyinmelisin."

Seda, "Ben ilkbaharım. İlkbaharda hava ılıktır ve sık sık yağmur yağar. Renk renk çiçekler açar. Bu mevsim için biraz daha ince kıyafetler seçebilirsin." dedi.

Eda yerdeki havlusuna uzandı. Şemsiyesini açıp, "Merhaba, ben yaz. Yazın Güneş tepedeyken gölgede dinlenmelisin. Bu mevsimde denize girip güneşlenebilirsin. Yazın terletmeyen ince kıyafetler giymelisin." dedi.

Melis, kurumuş yaprakları eli ile savurarak "Ben de sonbaharım!" dedi. "Yaz biter, rüzgâr eser. Ağaçlar yapraklarını döker. Bu mevsimde hava biraz serinler ve ilkbaharda olduğu gibi sık sık yağmur yağar. Kıyafetlerini de ona göre seçmeyi unutma!"

Ahmet Dede bir kenardan torunuyla arkadaşlarını izliyordu. "Aferin size çocuklar!" diyerek hepsini alkışladı. Bu güzel günün bir fotoğrafını çekmeyi de ihmal etmedi.

Dört arkadaş birbirine sarılıp poz verdi. Melis ile Ege, bugünü hep hatırlamak üzere Ahmet Dede'nin çektiği fotoğrafı günlüklerine yapıştırdılar.

Başladılar dans edip şarkı söylemeye.

Haydi, onlar ile birlikte sen de söyle!

Dört Mevsim Yaşarız

Aralık, ocak, şubat.
Atkını bereni, tak.
Kış geldi yağdı karlar.
Çocuklar kar topu oynar.
Mart, nisan, mayıs.
Çiçekleri toplarız.
Gökkuşağının altında,
İlkbaharı karşılarız.
Haziran, temmuz, ağustos.
Haydi durma denize koş.
Acıkınca piknik vakti.
Yaz geldi bak ne hoş.
Eylül, ekim, kasım.
Hiç bitmez rüzgârım,
Sararmışsa yapraklar.
Bak geldi sonbahar.